JN418490

이 거리를 스쳐간 세월아

이 거리를 스쳐간 세월아

김정현

현대시문학사

책을 내면서

우리 주변이 언제부터인가 서로 챙겨주고 아끼고 도와주는 따뜻한 정겨움이 사라지고 이웃을 멀리 하고 이기적인 거친 생활현장이 되어가고 있다. 마음 따스함을 서로 안겨주는 즐거움을 갖고 살고 싶었는데 가슴 한쪽이 항시 비어 있음을 느낀다. 그러나 어찌 할 수 없는 것은 자신이 살아온 삶의 여정을 되돌아보고 결국 모든 것이 그 시간과 한계를 벗어나지 못한 자질과 능력의 부족한 탓임을 자인 할 뿐이다.

앞으로 나에게 주어진 시간이 허락한 한도에서 더 험난한 고비를 넘고 가야할 남은 인생길에 버리지 못하고 간직해온 응어리를 풀고 나의 꿈을 엮어 내어 세상에 외치고 펼쳐 가을 덤불밭에

벌레처럼 同鳴同樂하고 共感을 얻는 삶을 살고 싶다.

최근에 지상에 발표되는 대부분의 시 작품이 난해하여 독자들이 시에서 멀어지고 있어 안타깝다. 나의 희망은 심연에 내재되어 있는 기억에의 향수와 자연이 주는 생명의 약동력을 현상화 하여 읽기 쉽고 누구나 읽어보고 공감하는 시를 쓰는 것이 기준임을 밝혀둔다.

2012. 5

青崖 金正炫

차례

1부 이 거리를 스쳐간 세월아

2부 찔레 꽃 핀 언덕길에서

3부 春香의 사랑노래

4부 열 칸의 마음

1부

이 거리를 스쳐간 세월아

숙명

우리 인생이 소중히 여기는 삶에 대한 가치는 죽음이란 실체가 이웃하고 있기 때문이다. 죽음, 그것은 인생의 종말을 말한다. 사람이 죽으면 천국에 가고 극락에 가고 또 부활이 되기에 그래서 마음 편안하게 살라고 예수나 석가를 믿는다고 한다.

예수의 부활이나 불교에서의 윤회는 육체의 부활이나 환생을 말한 것이 아니다. 한번 죽은 육신이 부활, 윤회, 환생 할 수는 없는 것이다. 죽은 시체가 어떻게 다시 부활, 환생, 윤회 할 수 있을 것인가. 부활 그것은 내 마음에 예수나 석가가 살고 있는 것을 말한다. 즉 예수나 석가의 정신적 가르침이 우리의 심중에 있는 것을 말한다. 천당 극락 그것은 내 마음속에 있다.

사람은 흰머리와 얼굴의 주름이 늘어가는 것을 슬퍼하고 안타까워 하지만 부활로 다시 되돌릴 수는 없는 것이다. 모든 생명체는 자연의 흐름에 순응해야 할 따름이다. 대자연 속에 자란 수목의 가지와 잎도 늙어 수명을 다하면 썩어 흙이 되어 없어진다. 세월 따라 기꺼이 자연의 철칙에 순종할 따름이다. 자신을 가로막는 괴롭고 슬프고 한스러운 일은 내가 살아오면서 지은 치러야 할 빚이요 운명임을 깨달아야 할 것이다.

사람은 피할 수 없는 운명을 피하려고 몸부림치며 이에 집착하고 고통을 자초한다. 한적한 들판 끝에 피는 풀꽃, 남몰래 숨어서 피면 핀대로 드러나면 드러난 대로 말없이 가는 세월 따라 자연의 순리에 생애를 맡길 뿐이다.

우리는 흔히 물과 같은 마음을 가져야 한다고 한다. 물은 높은 곳에서 낮은 곳으로 흐르는 성질을 가지고 있다. 흐르다가 패인 곳은 채우고 막힌 곳은 돌아간다. 한 방울의 물이 모여서 도랑을 이루고 더 모이면 시내를 이루게 되고 강이 되고 마침내 바다를 이루어 하나가 되는 순리를 보여 주고 있다. 우리가 도덕수양을 하는 것은 진리의 법을 통해 苦에서 해탈을 이루고자 하는 것이다. 그러자면 흐르는 물처럼 자연스러운 흐름을 거스르지 않고 대자연의 순리에 따라야 할 것이다.

장미화

한적한 후원 한쪽에
송이송이 얼굴을 서로 내밀고
사랑을 속삭이는 듯 함박웃음을 피우는 사랑스런 그 모습

바람결에 야들야들 보드라운 홍조 띈 품속에서
영원히 잠들고 싶구나

세월 따라
지나간 시간의 아쉬움이여-

오늘이 가고나면 져야만 하는
三一天下의 짧은 생이여-

이 거리를 스쳐간 세월아

山도 들도
흐르는 시내도
하늘의 해와 달과 별도
옛 그대로인데

마을 길
오고 가는 사람들
옛 그 얼굴 보이지 않네

흘러간 세월 따라 바람 따라
이 거리를 스쳐간 그리움을 두고 떠난
되돌릴 수 없는 날들, 사람들
어데로 다 흘러갔을 가-

정원에 활짝 오늘을 반기며 핀 장미꽃도
날이 가고 때가 되면 지는 꽃잎
언제 다시 돌아와 만나랴

가랑비 내리는 승사교에 서서

승사교 건너
누이가 살았던 쑥 고개 너머 마을길로
멀리 흘러가버린 그 세월

못 다 살고 간 아쉬운 이 세상
그 때 오고 간 이 다리도
고갯길에도
골목길에도

이제는 너의 모습 찾을 길 없는 허전함이여
가슴 시린 슬픔이여

흐르는 강물을 바라보며
너의 옛 모습 생각에
비어 젖으며 한없이 걸었다

옛 터

흘러온 먼 세월 속에 잊히어 간
고향 동구 밖 느티나무 고목아래 옛터

같이 놀던 옛 친구들이 생각나
그늘에 홀로 앉아 눈을 감으니

스쳐간 바람결이
옛 향기를 풍기며 지난날을 생각게 하네

세월 따라 갈길 찾아 헤어져간 친구야
모두 어데서 무엇을 하고 있는 가

풀밭에서 숨어 우는 벌레 소리만
옛날인 듯 그리움을 속삭이고 있네

그리운 그 세월

천생 연분으로
당신과 처음 만난 방죽골 가는 길 따라
어언 흘러가버린 60년 저쪽

두려울 것 없었던 약관弱冠의 청춘시절이
어느새 이년을 바라보는 노약자가 되었는가

서로 믿고 의지하며 살아온 정든 그 세월
이제 아득히 기억의 강 저편으로

희미하게 사라져간 그 길 아득히
당신과 내가 겪어온 즐거웠던 일, 슬펐던 일

동구 밖 느티나무 고목은 나를 기다렸다는 듯
오늘도 푸르게 서서 옛날을 말하고 있는데

멀리 지나가버린 날의 희로애락喜怒哀樂
세월이 빚어낸 인생사

이 풍진風塵세상 같이 걸어온

거센 풍파를 넘어온 험난한 인생 항로航路

돌아보면 인정도 사정도 무심하게
세월 따라 바람 따라 흘러 흘러 지워져 가고

한 세상 같이 가자고 손잡고 다짐했던
지나온 한 동안의 아름다운 그 시절도

중도에 인연도 인정도 다 버리고
멀리 헤어져 있는 야속한 운명

산골짝에 두견새 슬피 우는 소리 메아리 친 한밤 중
님의 옛 모습 그리며
먼 하늘을 향해 외쳐보는 목 메인 이 심정

까치 집

세월 따라 떠나가고 남겨놓은 공간
강 건너 미루나무 숲 높은 가지의 빈 까치집
어데서 날아왔는가 모처럼 찾아온 까치 한 마리

옛 집 가에 앉아 깍 깍 불러보는 그리운 옛날이여
먼 하늘을 향해 고개를 쳐들고
계속 울부짖어 봐도 돌아오지 않는 옛날이여
부모형제의 모습이여

덕음사에서
울려 퍼지는 종소리만 옛날처럼
푸른 하늘 멀리 흐르는 구름송이 따라
아득히 흘러 사그라져 간다

산도 들도 하천도 옛 그대로인데
그 때 이웃해 살던 형제들 다 어데 가 있는 가

기다리는 마음

바다는 밤을 새우며 쉼 없이
해변가를 철석 거리며 마음을 조인다

날이 가면 계절이 바뀌고 세월도 물결 따라
무심히 흘러가는데

멀리 옛날에 떠난 사람아

행여 온다는 약속도 없었는데
여기 포구에서 배 기다리는 서글픈 심정

속도 모른 갈매기만 왜 혼자 왔느냐고
소리치며 머리 위를 휘 돈다

행복이란

-아들딸에게

오늘 일이 잘 안 풀린다고
실망하거나 자포자기하지 마라

마음을 가다듬고 희망을 향해
다시 도전하라

믿음을 가지고 하는 일에 최선을 다 하라
믿음이 생명임을 알라

터널을 지나면 밝은 세상이 열리고
고개를 넘으면 평지가 기다리고 있다

행복이란 현실에 만족하며
덕을 베푼 데서 찾아온다

믿음을 가지고 행하라
기쁨이 거기 있을 것이다

첫 눈이 오면

불어오는 찬 북동풍에 고향 내음이 서려
휘날리는 눈송이에 떠나온 고향생각 그리웁네

첫눈이 내리면 생각나는
지금도 마음에 엉켜오는 동구 밖에 서서
집 떠난 아들 못 잊어 손을 흔들고
눈 속에 서 계신 그 옛날의 어머니 모습

눈 내린 긴 겨울밤 늦게까지
불을 밝혀 놓고 자식 생각에 가슴 조이며
기다리고 계셨을 그 때를 돌이키며
나는 눈 오는 거리를 하염없이 거니네.

허허 벌판 같은 이 가슴을 따습게 덮어주는 어머니 손길처럼

들도 거리도 수북이 덮어가는 눈 내린 이 밤을-

만물의 영장이란

세월은 시작도 끝도 없다. 수억만 년
사람을 비롯한 생명체인 동물, 식물, 미생물 모두가
우주 대기의 조화로 생성되고 진화되어
오늘에 이른 것이다.

모든 생명체는 세월을 따라가다
병들고 노쇠 되어 자연히 도태된다.
희로애락 그것은 인간들 자신이 만든 것일 뿐
자연은 변함이 없다.

인생이란 자연에서 생겼다가
자연으로 돌아간 것일 뿐이다.

살아있으니 내가 있고 내 것이 있고 내 날이 있다.

나 없으면 내 날도 내 것도 내 세상도 없다.

오늘날 인간이 동물과 다른 것은 있을 때
三綱五倫 仁義禮智를 차리고 이를 지키기에
만물의 영장이라 한 것이다.

주어진 대로 살라네

어떻게 살아 왔느냐고?
꿈을 향해 긴 세월
밤 낮 없이 달려왔네.

목적은 이루었느냐고?
꿈은 한정이 없었네.
결국 현실을 즐거이 여기며 살아왔네.

이제 끊임없이 흐른 섬진강 물결 따라
못 이룬 꿈 가는 세월에 엮어
아쉬움과 같이 뛰어 보내려네.
그리고 주어진 대로 살라네.

추억의 쑥골 마을

동남으로 푸르게 펼쳐진 지리 산맥 아래
그리운 내 고향 춘향골

그리운 친구들과 놀았던 그 자리
옛 꿈을 펼쳐본다

소나무 숲 우거진
옛날 다녔던 정든 그 오솔 길

푸른 하늘 흰 구름 떠 흐른
맑은 도랑물 졸 졸 졸

내 마음 속 옛날로
끊임없이 흘러간다.

저녁노을 붉게 물든 하늘
산길을 따라가면

그 옛날 동구 밖 빈터에서
고추잠자리 잡으며 놀았던

나의 유년의 친구 막둥이가 사는
쑥골 마을

집 뒷터 감나무고목 높은 가지에
지절대는 까치가 나를 반긴다.

귀뚜라미 탄식

이 한밤을 낄 낄 낄
계절을 재촉하는 시간은 자꾸 가는데

보고 싶은 얼굴
그리움에 지쳐서 낄 낄 낄
애가 달았네 이 짧은 생명

안타까이 저물어 가는 계절의 언저리
외로운 골목길 모퉁이에서 울어대는 이 밤

별빛만이 밤하늘에 총총 명멸하며
지나간 옛 사연을 말하듯 가슴 시리게 하는데

고요한 어둠속에서 슬픈 소리로
그리운 옛님 찾아 이 밤을 지새우며 울부짖으면
직성이 풀릴까

천리고 만리고 저 하늘 은하수까지라도
님 계신 곳 들리도록 계속 외쳐 보지만

이 밤이 다 가도록 소식 없는 안타까움
돌아갈 수 없는 옛날이여
그리운 님이여!

그리운 고향 들판

그 옛날 춘향 이 도령도 넘었던
한양천리 뭉게구름 떠 흐른 밤치 고갯길

산도 청청 물도 청청 들판도 청청
짙은 향기 서린 어머니 품속 같은 포근한 고향

광한루원 오작교 아래 호수에 노는 잉어 떼도
옛 그대로인데
같이 놀던 옛날 그 벗들 어디에 있는가

나의 유년의 꿈이 배어 있는 고향산천 들판길
한 없이 걷고 싶네

먼 황금들판 어데 선가
새 쫓는 소리 아득히 들려오네
우여!
옛날에서 들려오듯 나의 마음 이끌어 가네.

세월의 강가에서

계절을 몰고 온 찬바람에 말라버린
강변 갈대 숲속
사각 사각 늦가을 바람이 소리 내어 울고
이 저녁을 낄 낄 낄 풀벌레 따라 운다

애당초 누구를 찾아 여기 까지 왔던가
차라리 그 세월 비켜서서 따라오지 않았다면
여기 이 그늘에서 덩달아 슬퍼하지 않아도
되었을 것을

되돌릴 수도 멈출 수도 없는 이 세월의 강
건너야만 할 강변 쓸쓸한 갈대밭에서
지나온 그 세월 되돌아보고 낄 낄 낄 같이
못 잊어 못 잊어 울어 샙니다.

들국화의 삶

아스라한 안개 자욱한 들판가
적막이 흐른 산기슭 길

세월 따라 흘러와서 주어진 운명아래
한 세상 아무도 찾는 이 없는 한적함을 누르
고
계절 따라 피었다 지는 들국화

해거름 어스름 쓸쓸한 산기슭 길
외로움 속에 서서 허전한 빈 가슴 안고
무심히 가는 계절에 묻히어 가는 생애

철새들도 겨울나고 떼 지어 동토의 나라로
되돌아가면 어설펐던 겨울날도 가고

꽃피고 새우는 만물이 소생하는 봄이 와서
인연이 있으면 이 들판 여기 산 기슭에 다시 피어나서

따스한 햇살 아래 벌 나비 불러 모아
지나온 애달픈 마음 속 시원히 털어내자꾸나

꽃 피는 고향

따뜻한 봄 햇살이 드는 양지에 앉아
산 너머 먼 하늘 바라보니 마음은
화사한 봄 빛깔로 물들어 있을
고향 산과 들로 달려간다

동문 밖 자운영 꽃 우거진 논길에서 뛰어놀
던
옛 친구들 얼굴이 떠오른다.

과수원 길 울타리에서 탱자를 따다
개에 쫓기여 친구들과 도망쳐 달아났던
내 유년의 그 일도 생각난다.

이웃 큰댁 뒷터 감나무 고목아래 감또개를
주우며
"강남제비 돌아오니…"

노래하던 그 때 10대 초반이던 두 소녀 자매
이젠 옛날이 되어 지금은 멀리 가고 없는
나의 육촌 누나들 그 모습 그 노래 다시 그립
다

앞 산 아래 요천강변 따라 아카시아 숲 길
꽃이 피면 그 향기 배어 있는 길도 걷고 싶다

노랗게 개나리 핀 산 밑 오솔 길 따라 가면
봄이 무르익어 지천으로 피어난 산등성이 진
달래
꽃 봉우리에 산들 바람이 살랑 살랑 정을 붙
인 봄 낮

활짝 웃음꽃을 피우며 온 산을 물들이며
이 봄도 한결 깊어 가겠지

항상 한적함이 흐른 교화원 가는 돌담장 골목길
이른 봄날이면 개화집 고가 담 넘어 살짝
피어있던 산수유 꽃도 지금쯤 피어 있겠지

때맞추어 교화원 정원에 분홍빛으로 활짝 핀 달리아 꽃
주어진 계절과 환경을 밝히는 환한 모습 본받아
항시 구김살 없는 밝고 아름다운 도심을 다짐했던
그 때 그 마음을 다시 깨우쳐 본다

꽃 피는 고향 옛 그리움이 머물러 있는 산과 들
그 길로 달려가 옛 친구들과 노래하며
놀던 옛날을 만나러 가고 싶다

2부

찔레 꽃 핀 언덕길에서

찔레 꽃 핀 언덕길에서

하얗게 핀 찔레 꽃의 소박한 그 모습
지나간 먼 옛날이 그리움으로 다가오네

이제는 소리쳐 불러도 대답 없는 그 세월
멀리 가버린 그 사람

하늘에 반짝이는 저 달빛 저 별빛
속삭이는 그의 눈동자처럼 정겨움을 자아내는 이 저녁

소복단장한 그 님의 모습으로
그리운 내음 풍기듯 가슴 설레게 하는 찔레 꽃

같이 걸어온 그 세월
언제까지나 이어질 줄 알았는데

임과 떨어져 사는 세상
나의 존재의 의미가 없는 것을
전에는 미처 깊이 깨닫지 못했네

찔레 꽃 핀 언덕에 서서
외로운 마음 움켜쥐고
먼 하늘 바라보며 한숨짓네.

가는 봄

찬란한 햇빛이 약동하는
새싹이 피어나는 희망찬 한 마당
봄날의 향연이 펼쳐지는 대지

환생의 기쁨의 한편에
세월 따라 사라져가야 할
묵은 것들의 아픔을 메우듯
오늘도 아무 일 없었던 것처럼
도도히 흘러가는 강물

늘 그랬던 것처럼
가고 오는 세월 속으로 이으고
이 봄도 흘러간다.

고향 생각

마음이 외로울 땐 뒷동산에 올라
고향을 생각해요

그 옛날 불렀던 노래를 부르면
그 때의 친구들의 모습이 그리워져요

산 너머 흘러가는 흰 구름을 바라보면
언젠가 돌아갈 날 생각에 마음은 미리
고향 길로 달려간다.

따뜻한 부모형제의 정이 서린 곳
향기로운 바람 스치는 고향산천 그리워

나팔꽃

줄기를 뻗치며 오르는 미지의 세상
더 높이 오르면 길이 보일까
좀 더 멀리 볼 수 있을까
이른 아침 활짝 얼굴을 펼쳐 봅니다.

기다려 주지 않은 세월은
외쳐 보아도 멈추지도
뒤 돌아 보지도 않습니다.

그러나
살아갈 내일에의 희망의 씨를
잉태하기 위해
정해져 있는 짧은 운명 앞에

오늘 아침을 환하게 펼쳐
세상을 밝혀 봅니다.

남원성

멀리 돌아가는 산기슭 길
저녁 어스름 속에 잠겨가고

이끼 낀 성벽에
기대서면

옛 군사들의 피와 땀이 스며 있는 성돌
통한의 전설이 기억을 새롭게 한다

무너진 성벽 사이에서 숨어 우는
벌레도 옛일이 애통함인가
우는 소리 구슬퍼....

정유왜란丁酉倭亂으로
남원성이 함락하던 날 숨진

일만여 민과 군의 영혼의
애처로운 하소로 들려
지나는 나그네의 마음을 슬프게 한다

그리운 고향

산 밑을 돌아가는
저녁 안개 흐르는
철길 아득히

하늘에는
별빛이 하나 둘 비추고

멀리 간이역을 떠나는
열차의 기적소리
고향 그리워
마음은 옛날로 돌아간다

오솔길로 흘러간 세월

지난 날 번잡한 곳 피해
찾았던 조용한 오솔길

그 때 그 세월 그리워
찾아와보니

이름모를 야생화만
한적함 속에 피어 있네

멀리 하늘가를 흘러가는
구름을 바라보니

옛 생각에
마음만 허전한데

길가 덤불 속에서 귀뚜라미는
가버린 날을 그리듯

귀뚤 귀뚤 귀뚤
외로운 세월을 울고 있네

스쳐간 바람은
숲을 흔들며
세월 따라 뒤돌아보지 않고 흘러가네

晩秋

한적한 거리 모퉁이
바람결에 흩날린 낙엽
가을이 굴러가고

전신주의 가로등 불빛
찬 바람결 어둠속에 흔들리고 있다.

냉기서린 별빛이
옷깃을 여미게 하는데

싸늘한 정적이 흐르는
벗이 헤어져간 어두운 골목 안

가로수 가지만이
가는 계절의 한복판에서
어둠을 외롭게 휘젓고 있다.

봄

연두 빛 새 싹이
소곤소곤 땅김을 품어내는 봄날

계곡의 얼음이 녹아
흘러내리는 개울 물결 소리가 시원하다

차갑고 메마른 大地에
따스한 햇살이 꿈속처럼 아지랑이를 피우고

개나리 진달래의 노랗고 붉은 꽃망울이
온 산야를 물들이기 시작하면
강변의 버들가지도 연두 빛 새싹을 피우고
흘러내리는 은빛 강물결에 반사되는 햇볕이
눈부시다

논 밭두렁에 지천으로 피어나는
냉이, 씀바귀, 달래, 쑥을 캐는
마을 아낙들의 모습이 정겹다

밥상에 이 봄을 실감케 하는
향긋한 냉이 끓인 국과
알싸한 씀바귀 달래무침이 입맛을 돋운 계절
이제 정녕 봄이 무르익나 보다

할미꽃

소나무 숲 우거진 한적한
산기슭

잡초 우거진 더미 속에
세월의 상징인가
봄 햇살아래
옛 무덤가에
피어 있는 할미꽃

아무도 찾아온 이 없는
잊혀진 채 돌본 이 없는
잡풀 속에 묻혀있는 무덤

지워져가는 날들을 아쉬워하며
숲속 정적을 누르고
가는 세월의 한편에 비켜서서

외롭게 고개를 숙인 채 피어 있는
할미꽃

찔레 꽃 핀 고향 언덕

찔레 꽃 핀 언덕에서
나물 캔 옥이와
찔레 순 꺾어 먹으며
뛰놀던 나의 유년시절

언덕아래를 흐르는 도랑에서
잡아준 붕어, 미꾸라지
고무신짝에 담아 들고
나를 따라 다니던 옥이

흐르는 도랑 물결 따라 세월을 흘러
먼 옛날이 되었는데
옥이는 지금 어데서 어떻게 살고 있을까

언덕에 올라
옛 생각에 먼 하늘 바라보니
구름만 옛날처럼 흐르고 있네

분꽃粉花

분홍 꽃잎이
저녁 어스름을 제치고 피어 납니다

세상 번뇌 고통 훌훌 털고
자애로운 모습으로
석양빛 깃든 꽃잎 속에
어머니의 얼굴이 떠오릅니다

시계도 없이 가난하게
남의 세가에서 살았던 나의 유소년시절

분꽃이 피면
저녁 끼니 챙기는 것을 서두르셨던
잊혀지지 않는 그 세월

생전에 그렇게 좋아 하셨던 분꽃은
제철을 잊지 않고
먼 하늘길을 돌아 찾아 와서
여기 정원에 다시 피었습니다
어머니!

어머니는 가시고 안 계시는데
강가 언덕에서 새끼 염소도
어미가 그리워 풀을 뜯다 말고
먼 하늘을 향하여
음메~ 소리쳐 불러 봅니다

인생길

가도 가도 끝이 없는 가야만 할
天涯境 넘어가는 길

소리쳐 불러 봐도 메아리 없는
한 번 가면 되돌아올 수 없는 한 많은 길

미련도 아쉬움도 두고 간
그대와 한 세상 살아왔던 길

그래도 한때는 즐거웠던
정 주고 마음 주고 다정했던 길

인연 따라 세월 속에 머물다 가는
만남과 헤어짐의 덧없는 길

들길을 걸으며

나 외로이 한적한
들판 길을 걸어간다

바람에 나풀거린
야생화가 되어 마음은

먼 푸른 하늘 흘러가는 구름 따라
흘러간다

서쪽 십만억토十萬億土 저쪽 淨土에
무지개가 솟고 새 세상의 문이 열려

지나간 옛 시절이 그 벌판 어딘가에
고스란히 머물러

오아시스가 되어 기다리듯
펼쳐 있으리라

* 十萬億土:(불교에서) 이승에서 극락정토에 이르는
불토의 총칭(부처의 나라)
* 淨土: 부처가 사는 청정한 땅(극락)

석불상

산길을 돌아 시내를 건너
남원 산내 실상사 가는 길목

궂은 날 맑은 날 없이
가는 세월 속에 외롭게 서서

지나온 길 가야할 길을
아득히 바라보며

산 너머 하늘 멀리
날아가는 기러기 떼 따라 오늘도 보내고

옛 그리움에 젖은 이 마음 달래듯
침묵을 지키며 세월을 잊은 석불상

땅 끝에 서서

더 이상 갈길 없는
땅 끝에 서서
시원히 열려있는
바다와 하늘을 바라본다.

나 외로이
전망대 가는 갈두산에 올라

멀리 가까이 떠 있는 섬들을 향해
눈길이 더듬어 간다.

해안 절벽을 따라 이어진 탐방로에
올라서면 하늘에 오르듯
답답한 세상에 지친가슴
시원히 남해가 펼쳐있다.

갯바위에 부딪혀오는 파도소리는
꿈길에서 들려오듯 메아리 치고

펼쳐진 갯벌 내음이
스쳐가는 바람결에 가슴에 젖어 오며
영원을 향해 시간이 흐른다.

雷雨

숲 가득히 스쳐 지나가는 바람소리
쇄--
자연의 숨소리

나무도 가지를 흔들며
춤을 춘다.

검은 구름이 햇살을 가리며
무겁게 모여 들고

온 하늘을
짙게 덮어 간다.

번쩍 번개 치는 명암明暗 속
하늘이 무너지는 천둥소리

소나기가
쏟아지듯 지나가고

빗줄기 속에 잠긴
산과 들과 시가지

세상을 뒤흔드는 천둥 번개
앞뒤를 모르고 살아온 세상
삶의 진실을 깨우친다.

소나기

햇빛 쨍쨍한 한여름 낮
우거진 풀숲 속에 청개구리도 헉헉거리고

버들가지도 축 늘어져
바람 한 줄기 없는 도랑 건너

천둥소리 멀리 들으며 소나기를 피해
참외밭 원두막에 올라 젖은 옷 벗어 제쳐 놓고
삼태기 다래기 한쪽에 팽개치고

시냇물 건너 과수원 복숭아 서리 갔다
개에 쫓겨 신발도 벗어 던진 채
뛰어 달아났던 까까머리 소년시절

그 친구들 지금은
어데서 무엇을 하고 있을까

하늘 가득히 검은 구름 뒤덮은
들판 가를 바라보니
가버린 그 세월이 그리워진다.

달맞이꽃

한적한 들판 건너
강가 언덕바지에 서서

소리없이
세월을 피우는 달맞이꽃

하도 세상일이
보기가 역겨워서

밤에만 살짝
피었다 지는 건가

밤을 지새우며 달과
무슨 말을 속삭였나

꽃에서 푸른

달 내음이 향기롭다

諸行無常
生者必滅

날이 새면
시들어 가야 하는 생애

달이 그렇게
일러주던가

달맞이꽃 핀 언덕에서
허전한 이 저녁을

잊었던 내 젊은 날을 되새기며
큰 소리로 노래를 불러본다

3부

春香의 사랑노래

오수午睡

암자에 오르는
한적한 산 길
햇볕 짙은 한여름 낮

우거진 소나무 숲
바람소리 그늘 속으로
솔솔 흐르고

산문山門 어귀에
세상일 다 잊고
앉아 조는 노승老僧

지나온 세월 더듬어간
꿈길 속
여름날이 길다.

고향길 2

가을걷이 끝난 빈 들판 멀리
찬바람만 스산하게 휩쓸고

산마루 너머 해거름 노을 낀 하늘 아득히
기러기 떼 날아간다.

그리운 고향 길목
오고간 세월은 몇 해 이런가

찾을 날 기약 없이
꿈마다 고향 길을 헤매여 간다.

春香의 사랑노래

하늘이 무너져도 임을 향한
그 마음 변할 것이며

땅이 꺼진다 해도
임 향한 그 마음 돌아설 것인가

마음 속 깊이 만리장성으로 쌓아 올린
굳건한 사랑탑

날이 가고 달이 가도 향기 가시지 않은
꽃보다 아름다운 변하지 않은 마음

이도령과 굳게 맺은
백년의 약속 천년의 사랑이여-

한양 천리 하늘가에 서린
이도령 그리는 춘향의 애끓는 마음

중천의 희미한 낮달을 바라보며
그리워 그리워 불러 보는 한양 간 낭군이여
사랑이여

광한루 난간에 기대서서
불러보는 사랑노래여

희망을 향하여

한 가닥 바람이 우리 가슴에 남아 있기에
슬퍼해야 하고 절망도 한다.

희망 그것은 삶을 즐겁게 하고
보람을 갖게 하며 성공으로 이끌어 간다.

즐거울 때 괴로운 말이 나올 수 없고
슬플 때 행복한 말이 나올 수 없다.

한탄에 빠지면 자신의 삶을
슬프게도 하고 비참하게도 한다.

성공적인 인생을 살아 갈 것이냐
실패한 인생으로 살아 갈 것이냐 하는 것은
모두 자신에게 달려 있다.

우리는 올바른 판단을 하기 위해
마음 수양을 하고 있는 것이다.

우리가 세상을 살아오면서
수도 없이 저지른 과오와 죄과를 참회하고

인간의 도리에서 벗어나지 않고
희망을 향하여 살도록 노력해야 하겠다.

반딧불

깊은 밤 어둠을 갈아서
빛을 내는가

개울가로 숲속으로 어둠을 제치고
동서남북 사방으로 날아서
혼불처럼 연기를 서리게 하고

아련한 밤하늘 은하를 건너와
이 세상 미련 두고 간 영혼들의 향연인가
소리 없는 울음인가

산천경계山川境界를 넘나들며
설움을 토해내는 애달픈 부엉이 울음과 더불어
내 가슴에 꽂혀 온 신령스런 빛이여

어두운 밤하늘을 빛을 그으며 날아다니는 것은
옛날 헤어진 님을 찾아
어둠속을 뒤지고 있는 것인가

山 길

고적이 서리는 소나무 숲
가고 온 숱한 세월 세상은 바뀌어도
太古로부터의 정적이 스며 흐르고

변함없는 계절
잎은 피고 지고
가을도 왔다 가고
눈 내리는 쓸쓸한 겨울밤에
덧없는 삶을 부엉이는
애끓는 소리로 가버린 세월을 외친다.

"부엉----

우수를 자아내는
어스름 달빛 속에
山寺의 풍경소리 은은히 울려

찬바람 타고 밤하늘 별빛이 흐른다.

세월의 강 건너

저 멀리 세월의 강 건너
가버린 날들

잊고 살아온 그 시절의 사연들이
먼 들판 아지랑이 속에 가물거린다.

서로 하던 이야기 끝내지도 못한 채
헤어져 떠나온 고향
봄바람과 가을비 몇몇 해 이런가

잊지 못할 친구야!

세월이 가고 오는 길목
금잔디 향기로운 강 언덕이여

보리이삭 누렇게 익어가는
같이 걷던 옛날의 그 논둑길이여

除夜 2

설달그믐 날 밤은 깊어
인적이 끊긴 적요寂寥한 거리

지나간 그 많은 희노애락喜怒哀樂으로
불태우던 세월
어디에다 쌓아 놓았는가

이 해도 이제 다 저물어 가는데

미련과 아쉬움을 남겨 놓고
한 토막 남은 시간마저
떠나보내야 할 시점입니다

아쉬운 갈림길에 서서 이제
희망을 가슴에 안고
조용히 새해아침을 닻이해야 하겠습니다

까치

동구 밖 느티나무 고목 높은 가지
새로 짝지어 제금 난 까치는
미처 정들지 않은 새둥지에서
고개를 내밀고 떠나온 고향 쪽
먼 하늘을 바라본다

산 너머 안골
굽이굽이 돌아가는 산모퉁이 길
미루나무에 옛 둥지가 있는
나서 자란 고향 산천

깍깍깍 산 너머 옛집
엄마 품이 그리워
발돋움하며 고향하늘 넘다 본다

옛 동산

진달래 핀 마을 앞동산에서
노래하며 어울려 놀던
그때 그 동무들

지금은 모두다
멀리 꿈을 안고 고향을 떠나
헤어져 가고

세월은 흘러
먼 옛날이 되었는데
어데서 모두 무엇을 하고 있을까

봄은 다시 와서
그 동산에 진달래는 피었는데
나 외로이 서서 옛 생각에 젖어 있네

나의 故鄕

섬진강 상류에 위치한 내 고향 춘향골
나지막한 산들이 사방으로 펼쳐있고

그 뒤로 智異山脈의 연봉들이
하늘에 맞닿을 듯 병풍처럼 둘러서서
아늑한 분지를 이룬 내가 나서 자란 곳

저 멀리는 天王峰, 般若峰, 老姑壇과
가까이는 萬福臺, 英帝峰 등으로
1000米가 넘는 봉우리가 우뚝 우뚝 솟아

철따라 펼쳐지는 그 경치는 언제 보아도
한 폭의 그림처럼 아름답기만 하다.

아침이면 앞산 德陰峰 너머
햇살이 눈부시게 뿌려지고

해맑은 저녁때면 만복대에서
불어 내리는 싱그러운 동남풍이
푸른 솔 향기로 온누리를 적시고

옛 부터 西山落照라 해서
남원 팔경의 하나로 손꼽힌
서산에 저녁노을이 붉게 타오르는 그 경치는
꿈에도 잊지 못할 그리움으로 남는다.

봄이면 물 맑은 蓼川 외나무다리 건너
양림 마을에 복숭아 살구꽃이 피어 있고

유채꽃이 피어있는 언덕배기 밭엔
벌 나비 어지러이 날고

먼 산골짝에서 뻐꾸기 울음 메아리쳐
꿈결에 잠기듯 봄이 무르익어 가면

용담사 가는 길로 아카시아 꽃향기
온 누리를 채우고

자운영꽃핀 들길을 꽃목걸이 목에 걸고
어깨동무하고 노래 부르며 돌아오던
내 유년의 그 벗들이 그립다.

여름날 시내 남쪽으로 흐르는 요천으로 몰려
가
미역 감고 은어, 피라미, 붕어, 미꾸라지를 잡
으며

강변 백사장을 쫓고 쫓기며
벗들과 놀던 그 시절도

겨울날 사금파리 가루를 만들어 아교와 같이
연실에 입혀서 방천을 달리며 연싸움하던
그때가 못 견디게 그리워진다.

늦가을 벼이삭이 누렇게 익어 물결치는 동문
밖 고요한 들길을
외로이 거닐며 사색에 잠겨
외로움에 몸부림치던 꿈 많던 내 젊은 날

풋풋하고 진한 그리움을 지닌 정든 옛터들이
그때의 모습 찾을 길 없이 도시로 변해
이제는 마음속 그 시절로 나를 이끌어 간다.

栗峙嶺

병풍처럼 펼쳐진 지리산맥 너머
하얀 송이구름 떠 흐르는
오월의 하늘

율치령 정상에 서면

그 옛날
우리 상할아버지 상할머니
새 신랑 새 각시 때
제 너머 오신 신행길이 떠 오른다

숲 깊은 산골짝에서 뻐꾹새도
시름없이 울어대는 한 낮

말 탄 두루마기 차림의 씩씩한 신랑
꽃가마 속 녹이 홍상 차림의 꽃 각시 신부

굽이진 고갯길 돌아가는
예물짐꾼들 거느린 그 일행 모습이
그림처럼 선연鮮姸하다

이 고갯길은 그 옛날
천리 한양길 떠난 이도령 뒤 따라
바람만 바람만 전송 나온 춘향이도 넘던 고개

기약 없는 이별로 헤어지기 아쉬워
가다 되돌아보는 이 도령 그 모습이
안보일 때까지 손을 흔들며 뒤따라가다
주저앉아 애타게 몸부림치던
버선 발 옛터 길을 지나며

여기인가 저기인가 가리키며
낯선 첫 혼행婚行길에 외로워하는
신부 안쓰러워
가마 뒤 따라오며 달래듯
춘향전 옛이야기 들려주던 신랑의 마음

고개 위 나무그늘에서 쉬며
한 평생 살아갈 낯선 시가媤家가 있는
춘향골 멀리 내려다보며 가슴조인 신부

떠나온 임실任實친정 부모형제 생각에
고향쪽 하늘을 뒤돌아보며 외로워하는
신부의 등을 다독여 주며
손을 잡고 같이 넘던
그 옛날 우리 증조부님 새 신랑 때

신부 맞이 친영親迎길
율치령 고개 길

* 증 조부님께서 임실고을에 사시는 남원진 씨 충록공의 영애님과 백년가약이 이루어져 당시는 보행으로 왕래했던 시대라 친영길에 예물짐꾼들 10여명을 거느리고 말치재와 율치재를 넘어 70여리 험한 산길을 길게 늘어서 서넘어오신 그 때의 증조부님 모습이 세월은 흘렀지만 눈앞에 선연하다. 증조부님께서 생전에 생활규범으로 남기신"實事求是" 정신을 잊지 말아야 하겠다.

*實事求是 : 사실에 근거 진리나 진상을 탐구하는 일

鄭嶺峙

숲 깊은 계곡
소쩍새 슬피 우는 외로운 밤
구름도 쉬어 넘는
고산준령高山峻嶺에서
그 옛날 마한왕궁을 지키기 위해

진을 친
鄭장군과 그 군졸들의 행렬

정상 암석에 새겨져 있는 부처상 앞에
경건히 머리 숙여 왕실의 안녕과
떠나온 고향집의 무사안일을 기원했을
군사들의 그 정회가 서린
마한의 미소를 간직한 석불의 현상이 자애롭
다.
수많은 세월이 흐른 오늘에도

산은 말이 없어도
군사들의 환호성이 들리는 듯하다.

산 너머 흘러가는 구름 저 멀리
한없이 맑고 푸른 마한의 하늘

밤이면 하늘에서 벌어지는 별들의 향연
못 잊을 太古의 사연들이 아른거린다.

계곡의 물결은 오늘도
옛이야기를
주절대며 흘러간다.

어디선가 풍악소리 은은하게 울려오며
孝王의 御駕행렬이 達宮의
궁문을 나와 지나가는 모습이

눈앞에 선연하게 떠오른다.

*鄭嶺峙: 達宮을 지키기 위해 마한군이 주둔 했던 곳.
장수의 성을 따서 鄭嶺峙라 함.
*達宮: 마한의 行宮이 있었던 곳.

廣寒樓

호수에 가로놓인 오작교 건너
수많은 세월이 흘러
사람도 가고 세상도 바뀌어

물길에 어려 흘러가는 흰 구름 따라
내 마음도 옛날로 돌아간다.

해마다 춘향제 행사 때면
원근에서 모인 사람들로 큰 장을 이루어

풍악소리 함성소리에
광한루원 뿐 아니라 온 고을이 떠들썩하다

춘향과 이도령이
사랑을 속삭였다는
느티나무 고목 그늘에 서면

그 옛이야기를 소곤소곤
잎새들이 바람결에 속삭이고

영주각瀛洲閣 난간
그 옛날 호수를 바라보며
우리 할아버지 시조가락 읊으며
벗들과 노니든 자리

오늘은 내가 거닐며
먼 훗날을 생각한다.

*무고한 누명을 쓰고 이 고장 남원에 유배된 황희黃喜정승 그 선조들이 사용했던 일제逸齊라는 서실書室을 고쳐 광통루廣通樓라 이름 붙인 것이 世宗元年(1419)이었고 그 후 世宗 26年(1444)전라관찰사 정인지鄭麟趾가 원내를 소요하다. 이곳 승경에 취해"마치 월궁의 광한청허부廣寒淸虛府에 오르는 느낌"이라는 찬사가 있은 후 광한루廣寒樓라 고쳐 부르게 되었다. 그 후 선조宣祖 14년(1581)부사 장의국張義國은 요천 강물을 끌어다 호수를 마련 은하수라 칭하고 천상의 전설을 실현하는 무지개굴다리를 놓고 오작교烏鵲橋라 이름하고 풍취를 더하여 오늘에 이르고 있다.

고향산천故鄕山川

모처럼 가고팠던
고향산에 올라

삶에 쫓겨 앞만 보고
숨차게 살아온 지난날을 되돌아본다.

德陰山 산마루 위에 낮달이 떠있고
蔘川江 여울목 물결소리 먼 하늘가에 메아리
친다.

바람은 시원하게 가슴에 젖어 든다.

산길에는 제비꽃이
옛 이야기를 속삭이듯 이 봄을 피우고 있고

숲속에선 산새가
옛날 소리로 나를 반기어 지저귄다.

섬진강가에서

歲歲年年
강물은 쉼 없이 세월 속으로
흘러갑니다

아무도 없는 정적이 흐른 백사장
스쳐간 소슬바람에 강물은
잔잔한 파도를 이루며 오늘을 싣고 흘러갑니다

산너머 하늘에 노을이 끼어
강물이 붉게 물들었습니다

강변 억새 숲
바람에 사각 이는 잎새에서
가는 계절의 아쉬움을 느낍니다
나 외로이 백사장을 걸으며

지나간 추억을 생각하며
그리움에 젖어듭니다

4부

열 칸의 마음

바래봉

평전에 붉은 빛으로
펼쳐진 철쭉꽃

잊고 살아온 그 세월
5월의 옛 추억이
나를 여기 다시 서게 하다.

전에 그대와 마주선 자리
흘러간 세월 어언 10년
덧없이 가버린
다시 돌아올 수 없는 그때 그 시절

산 깊은 계곡에 메아리친
옛날을 생각게 하는
뻐국새 울음
먼 하늘가에

그리움으로 남는다.

어머니의 마음

사업에 실패하고
가산이라곤 남김없이 다 없애고
돌아가신 아버지

집도 절도 없는 살림살이
남의 단칸 셋방에서

가녀린 여자의 몸으로
세 남매 먹이고 입히고 가르치기에
힘겨웠던 지루한 그 세월

긴 여름날 더위도 무릎쓰고 허리띠 조이며
배내기로 얻어온 목화솜을 밤을 낮 삼아

물레로 한 많은 시름을 실로 뽑으며
외로움 달래고

동지섣달 긴긴 밤에 고된 몸 돌볼 틈도 없이
호롱불 심지 돋우며 베틀에 앉아 보내신 그 세월
"東門안 세목"이라고 이름난
무명베 짜내는 소문난 어머니 솜씨

이 아들 장가 갈 때 손수 짠 무명베로
두루마기 만들어 입히고 좋아 하셨던 어머니 마음

구름 나그네

나의 마음은
끝없이 펼쳐 있는 하늘로
원을 그리며 나는 솔개처럼
구름 타고 흐르는 구름 나그네

어데서 와서 어데로 가는가 끝없는 푸른 하늘에
소리 없이 피었다가 흔적 없이
떠돌다 사라진 구름처럼

바람 따라
세월 따라 흐르는 구름 나그네

철이 바뀌어 가을이 되고
풀벌레 우는 한적한 들 끝에 서서
중천을 떠가는 낮달을 벗 삼아
외로움 달래는 내 마음

이제 꽃피는 봄이 오면
시름 벗어 구름 속에 날려 보내고
내 님 건강한 모습으로
싱싱한 향기 풍기며 내 앞에 서겠지요

뭉게구름 떠 흐르는 넓은 하늘로
님과 함께 손잡고
두둥실 구름타고 흘러가고픈
나는 구름 나그네

바람 부는 대로
옷자락 날리며 근심 없이
구름처럼 훨훨 날고픈
나는 나는 구름 나그네

가이없는 푸른 하늘 구름밭에
시름 벗어 놓고 쉬면서 노래도 하고

멀리 두고 온 그 세월 돌아보며
마음은 구름 타고 흐르는 구름 나그네

江언덕에 올라

천길 만길 깊은 무리 진 달빛 푸른 밤하늘
별자리를 가리키며 희망을 속삭이고

친구와 다정히
어스름 강변길을 서성이면서

밤이 으슥하도록
기타 반주에 맞추어

애수哀愁의 소야곡小夜曲을
노래하던 젊은 그 시절

이제 그 친구도 제 갈길 찾아
헤어진 지 먼 옛날이 되고

그때 그날처럼 달빛이 여울목 물결위에

금빛으로 부서져 흐르는 이 저녁

옛 생각에 강 언덕에 외로이 서서
그리워 불러 보는 옛 노래여

懷母曲

만행산萬行山자락
자욱한 아침안개 거치어 가는
소나무 숲 샛길로
어머니의 자애로운 모습을 그립니다.

불혹도 채 못 된 나이에 홀로 되어
우리 삼남매 기르시기에
주린 배 허리띠 조아 매며
찬물로 배를 채우시던
일제의 숨 가쁜 太平洋 전쟁의 막바지에서

긴긴 겨울밤을 물레에 시름 달래고
무더운 긴 여름날에도 베틀에 앉아
허구한 세월 젊은 날을
고뇌와 한으로 다 보내신
나의 어머니

눈코 뜰 새 없이 몰아치는
메웁고 쓰린 모진 세월의
세찬 바람 속에
시린 손발 호- 불면서

가난한 살림에도 이 자식 위해
신명을 다한 사랑으로
바람막이가 되어
감싸 오신 인고의 날들

사회생활에 지쳐
좌절과 자탄에 빠져 돌아온 이 가슴에
새 힘이 넘치게 하고

자포와 실망의 앞길을
말없이 밝혀 주시던 나의 어머니

살아생전 당신 목숨보다 더 아끼시던
이 못난 자식 어이 잊으시고
호젓한 산 속에 홀로 누워 계시는가

세월이 가면 잊혀 진다고 하지만
날이 갈수록 보고픈
당신의 모습

가을바람에
사각이는 강가 갈밭 위를
나는 저 물새도
어미가 그리워 우는가

가버린 세월이 슬프다
그리운 나의 어머니

생전의 모습을 그리며
하늘을 향해 소리쳐 불러 봐도

되돌아오는 것은
공허한 메아리뿐이다.

"어 머 니- "
얼마나 큰소리로 불러야
이 자식의 목소리를 알아차리고
대답을 해 주실까

살아생전 좀더 관심을 가지고
모시지 못한 것이 후회가 된다.

이미 이승과의 인연의 줄을 놓으셨지만
생전의 자식사랑의 마음을 따로 챙겨

영원히 놓지 않았으면–

그런 줄이 있다면...
가까이 당겨 뵙고 싶다.

바쁘다는 핑계로 산소마저
자주 찾아뵙지 못한 이 불효자식의 잘못을
엎드려 빕니다.

* 만행산萬行山 : 남원시 동북쪽에 위치한 산

영원 영복을 누리고 사는 길

해가 뜨면 하루가 열리고
해가 지면 또 오늘이 저물어 간다

다시 못 올 세월 끝자락에 다달아
지상의 모든 생명 그 수를 다 하면
돌아가는 곳이 어데 인가

지는 해를 어느 영웅이 막을 수 있을 것이며
가는 달을 어느 장사가 잡을 수 있을 것인가

부귀도 영화도 모두가 덧없는 것
갈 때는 세상만사 다 두고 버리고 가는 것을

살아생전 무엇 하러 부귀영화에 눈이 어두워
사람의 도리를 어기고 아등바등 살았던 가

천지신명으로부터 영혼을 받고
부모님의 뼈와 살을 받아 인간으로 태어날 때
주어진 천성선령天性善靈으로
만물의 영장의 소임을 다 해야 했는데

금수만도 못한 행실 행동으로
사명을 다 하지 못하고
헛된 삶을 살아오게 되었던 가

오늘 반성 내일 극락이라 하신 말씀 명심하여
도덕수행 부지런히 해서 인간고 벗고 지상 낙원에서
영원 영복을 길이길이 누리고 살아야 하겠다

道春

천만년 저 쪽으로 흘러 흘러 갈 덕화의 강
오늘 온 누리를 갈증을 촉촉이 축이며
세찬 물결로 굽이치며 흘러간다.

어두운 苦海에 우뚝 선 성덕의 등대
빛을 밝혀 온지 50여년

고애苦埃 중생의 해탈을 위한 덕화도기를 발산하며
새 날 새 세상을 밝힐 떠오른 태양의 광명과 함께
용화 세상이 지평을 향해 신령神靈스런
빛이 되어 퍼져 간다.

마침내 대지의 언저리에
희망의 새싹을 틔울

만화방창萬化方暢의 도덕 세상이 다가오고 있다.

구제창생의 바람을 안고
우리 모두 영광된 앞날을 향해
힘찬 발길을 내딛자

과정

내일이 있을지라도
오늘이 소중한 것은

지금 이 시간을 다시는
되돌릴 수 없기 때문이다

세상 살아오면서 겪은 즐거웠던 일 슬펐던 일
모두가 지나놓고 보면 덧없는 것

오늘 자신이 하고 있는 일들도
결국은 이별로 가는 과정에 불과하다

智異山 女
-智異山歌로 전해온 도미부인의 노래

가없는 푸른 백제의 하늘
해는 중천에 빛나고

시끄러운 속세 멀리
떠나온 고향

하늘만이 빤히 보이는 숲 깊은 지리산 속 토굴에서
정든 님과 서로만을 믿고 의지하는
산짐승과 어울리며 사는 둘만의 지상낙원

남편의 퉁소 소리에 맞추어
노래도 부르고
따뜻한 부부의 정 나누며

부러울 것 없는 편안한 마음으로
나날을 살아가는 지리산녀智異山女앞에

느닷없이 나타난 사냥 나온
백제 개루왕과 그 신하들
무인 산중에서 그녀를 발견하고

이 지상에서는 보기 어려운 해맑은 자태와
선녀와 같은 모습에 마음을 빼앗긴 임금은
그녀를 왕궁으로 데려가려 했지만

남편이 있는 몸이라 완강히 거절당하여
그냥 궁으로 돌아온 임금은 병석에 눕고 말았다.

신하들이 보다 못해 왕을 위해 남편의 눈을 파내 추방하고
지리산녀를 붙잡아 왔다.

끌려온 그녀는 온갖 회유에도 절개를 지키다가
모진 형을 이기지 못하고 숨지고 말았다.

그녀는 남편을 애타게 그리는
지리산가智異山歌를 지어 부르며 숨져 갔다.

그녀가 숨질 때 온 지리산을 구름이 뒤덮고
하늘도 불쌍히 여겨 살던 토굴밖에
비바람을 흩뿌리며 슬퍼한 듯 했다.

*智異山歌– 백제 때의 시가, 제목만 정해오고 내용은 전해온 것이 없다.

荒山討伐

나라가 어수선했던 고려 말
방비가 얼마나 허술 했으면

저들의 나라에서는 "아지발도"란 이름도 없는
15.6세 애숭이가 이끈 한 무리의 해적떼거리
에 밀려
함양 沙斤乃驛에서 패하여 후퇴한 裵克兼, 金
用輝장수가 이끈 군졸들이 교룡산
성에 진을 치고 겨우 왜구를 물리쳤지만

육지 깊숙이 쳐들어와 노략질을 해도 막지 못
하고
가는 곳마다 약탈을 하고 사람을 해치고 다닌
대도
손을 못 쓰고

겨우 荒山계곡 유리한 지세를 이용
기마에 전투 장비를 갖춘
나라의 정규군을 투입하고

그것도 한 나라의 군의 총수급이 진두지휘한
그 결과에
무슨 적국의 대군을 물리친 것처럼
대첩이라 떠들썩하는 것은
마치 모기다리에 대포를 쏘다 시피 해 놓고
비석에 글을 새겨 큰 공을 이루었다고
천하에 자랑한 것은

상식 있는 사람이라면
민족적 국가적 자존심에 걸리는 웃기는 일로
역사적으로 볼 때도 부끄러운 줄
왜 깨닫지 못하는가

한 무리의 어린 도적떼를 물리치는데
온 나라가 떠들썩할 것이 아니라

평소 국론을 통일하고
국력을 길렀더라면
후환이 없었을 것이다.

고종황제高宗皇帝를 독살, 나라를 강제 합방한 음모에다
일본 낭인浪人패들이 궁중 안까지 들어와
명성황후까지 시해하고 궁내에서 저의 마음대로 불태워
유골조차 숨겨버린 만행과 난동을 부렸는데도
말 한마디 못한 국가적 수치에
하늘에 닿은 분통을 터트리기 전에

우리나라를 정복하려는 일본 내부의 야망을
깨닫지 못하고
세상 물정에 어둡고 무기력한 양반이란 사람들
나라 안위를 이웃나라에만 의존해온 탓임을
깨달았어야 한다.

아무튼 할빈역에서 안중근 의사의
"이토 히로부미"의 심장에 쏘아 붙인 총탄은
그 하나만을 처단하는데 있는 것이 아니다

일본의 심장부를 향한 온 국민의
사무친 원한의 보복인 것이다.

* 침소봉대한 황산싸움이나 일본 낭인 패거리의 안방까지 쳐들어와 난동을 부린데 대한 분함. 국권을 빼앗기고 35년간 종속되어 종이 되어 살아온 무능하고 무력함을 깨달아부끄러움을 알았다면 앞으로는 이런 일이 없도록 정신 차려야 한다.

*荒山: 남원시 운봉면 소재

시련試鍊

사람은 살기 위해 일을 해야 하고
경제적 자활력自活力을 갖기 위해 직업을 갖는다.

직업은 삶의 근본이요 도리이며
인생에게 주어진 천직이다.

하늘이 자신에게 내려주신
사명이요 바람이요 개성을 발휘하고
사회에 봉사하는 기회이기도 하다.

사람은 주어진 직분과 책임을 다하기 위하여
이 세상에 보내어진 존재이다.

우리는 삶의 목표를 달성하기 위해
끊임없이 닥쳐오는 시련을 극복해 나가야 한다.

사람이 죽고 사는 것은 신의 섭리다.
생명이 길고 짧다고 하는 것이

행복과 불행의 조건이 될 수 없다.
행복이란 소유하는데 있는 것이 아니라
주어진 현실에 만족하는데 있다.

사람은 저마다 삶에 대한 몫이 있다.
그 몫을 찾기 위해 인생을 살아간다.

자신의 몫을 찾아 목표를 향해 갈 때
시련을 겪게 된다.
성공은 시련의 산물인 것이다.

시련의 극복 없이는 무엇이고
이루어질 수 없기 때문이다.

시련, 그것은 신께서 나를 버리지 아니 하셨기에
더 나은 품격으로 향상시켜 주시기 위한
신만이 내릴 수 있는 시도이기도 하다.

열 칸의 마음

태초에 조물주가 사람에게
열 칸의 마음을 만들어 주셨다.

세 칸만 자신용으로 쓰고
일곱 칸은 남을 위해 쓰라 했는데

욕심 많은 인간은 이기利己칸 수를 늘리고
남을 위한 칸 수를 줄여 왔다.

그 연유로
세상살이가 불신과 불만에 따른 분쟁으로
살기가 어렵고 험난해진 것이다.

항시 자연심을 유지하여
나의 한마디 말에서 남의 아프고 괴롭고 어두운 마음을 풀며

밝은 양지로 이끌어 주는

온화하고 자비롭고 덕성스런
마음의 칸수를 늘려야 하겠다.

*열 칸의 마음: 고대 중국 문헌 『世話新語』에 나온 말.

성실誠實

성실이란
거짓과 속임이 없고
맡은 일에 온 힘을 기울이고
정성을 다하는 것

허황됨이 없고
진실만을 말한 것

성실을 인생의 모든 행위의
근본으로 삼아야 한다.

공덕功德 그것은
성실을 근거로 이루어진다.

산다는 것은

허덕이며 힘겹게 넘어온 인생고개
거기 행복의 이상향을 바랬건만

헤어나기 힘든 고난의 수렁에 빠져들며
피해갈 수 없는 역경에 괴로움을 안고

한탄과 자포의 눈물을 흘리기도 했다.
참으로 넘기 힘든 인생고개

재물이 많으면 지키기에 고통이 따르고
없는 사람은 살아가기 어려워 한탄하기도 하며

환난을 당하여서는 손쓸 방법을 몰라
마음의 갈피를 못 잡고 괴로워한다.

누구에게나 한번 뿐인 인생
건강한 몸으로 보람 있게 살기 위해

어려운 현실을 극복하며 자신감을 갖고
바르고 충실하게 후회 없는 삶을 살아야 하겠다.

산다는 것은 오늘은 어렵지만
내일에의 꿈과 바람을 갖는 것이다.

신은 인간에게 불행을 딛고 일어설 수 있는
용기와 희망도 주셨다.

흔히들 사람의 한평생을
생로병사生老病死의 일생이라 말한다.

그러나 사람에게는 삶에 대한 바른 가치와
반드시 가야할 존재의 목적이 있는 것이다.

우정

어려움을 같이하고
믿고 의지하고
속을 털어 놓을 수 있는
그대가 가까이 있다는 것은
행복입니다.

일에 실패하고 자탄을 하며
실망에 빠져 있을 때

허전한 마음을 채울 수 있도록
그대의 말 한마디가 가슴에 와 닿을 때
즐거움으로 마음이 넘칩니다.

그대를 기다리고
함께 있고 싶은 마음은
서로 이해하고 배려해주는

사랑과 정이 있기 때문입니다.

바라만 보아도
따뜻함을 느끼는 것은
그대를 아끼고 싶은 흔들림 없는
바람이요 우정입니다.

시간

시간아
헤어나기 힘든
이 절망감을 풀 수 있는 길은
너는 알고 있으리

시간아
얼마나 더 흘러야
이 적막강산寂寞江山에 길이 열릴 것이냐

시간아
칠흑 같은 내 어두운 앞길에
한 줄기 밝은 빛을 언제
비춰 줄 것인가

옛날에 흘러간 강물소리

가슴 안자락에 접어둔
잊지 못할
옛 고향의 강 언덕

강 건너 쑥골 마을
시집간 하나뿐인 누이 바래다주고 오는 길에
강둑에 외로이 앉아
눈물짓던 그 날 밤도

빛바랜 사진처럼
이제 세월 속에 아득히 사라져간 그 시절

흘러간 강물 따라 거슬러 가면
정겹던 그때의 누이 만나려나

한밤에 눈을 감고 귀를 기울이면
도란도란
먼 옛날에 흘러간 강물소리

나영아

오늘도
산 너머 멀리 흐르는 구름 속에
네 이름을 부르며 보고 싶은
네 모습을 그려 본다.
나영아—

어쩌다
이 세상 한 하늘 아래 살면서 인연이 있어
조손祖孫으로 만났는데

그것도 그리 멀지 않은 곳에
있으면서도 서로 직접 만나지도
소식도 모른 채 살게 되었는가

흐르는 세월
사람의 한평생 덧없는 것을

나영아
어찌하여
이렇게 살아야만 하느냐
언제 만날 것인가 답답하구나

너와 나
이렇게 살게 된 것은
타고난 운명이며 숫자인가

이 세상 살아 있을 때
괴로움 다 풀고 사람답게
사는 것 같이 살았으면 하는데
보고 싶다 나영아

고향 언덕

찔레 꽃 핀 언덕에서
나물 캔 옥이와
찔레순 꺾어 먹으며
뛰놀던 나의 유년시절

언덕아래를 흐르는 도랑에서
잡아준 붕어, 미꾸라지
고무신짝에 담아 들고
나를 따라 다니던 옥이

흐르는 도랑 물결 따라 세월은 흘러
먼 옛날이 되었는데
옥이는 지금 어데서 어떻게 살고 있을까

언덕에 올라
옛 생각에 먼 하늘 바라보니
구름만 옛날처럼 흐르고 있네

돌부처

눈 비 내리고
꽃도 잎도 피고 지고
춘하추동春夏秋冬 수없이 돌고 돌아

이제는 아득히 잊혀져 가버린 그 세월
인생들의 소원을 속에 쌓아 놓은 채
말없이 흘러온 千古의 세월

되돌릴 길 없는 그 세월 찾아서
마음은 옛날로 달리는 데

사바娑婆의 어구에
오늘도 의연히 피안彼岸을 바라보며
열반涅槃의 세계를 향해
자비로운 모습으로 그렇게 침묵을 지키며
돌부처는 그 자리를 지키고 있다

*사바娑婆:(불교에서) 중생의 갖가지 고통을 참고 견뎌야 하는 이 세상

*피안彼岸:(불교에서) 이승의 번뇌를 해탈 열반의 세계에 도달하는 일 또는 경지

*열반涅槃:일체의 번뇌에서 해탈. 불생불멸不生不滅의 높은 경지.

*해탈: 석가나 고승의 입적入寂을 이르는 말

밤안개 길
-가버린 누이를 생각하며

요천강蓼川江 건너
비안飛雁골 가는 소림疏林길로
어둠이 내리고

밤안개 깊숙이
희미한 가로등 불빛 아래
꿈결 속에 잠긴 승사교

강변을 외로이 울며 나는 저 물새도
지난 세월이 그리워
이 밤을 세워 우는가

금수정錦水亭 난간에 기대서서
옛 생각에 글썽이는 이 마음
허공을 향해 너의 이름을 불러본다.

밤안개 속 어슴푸레 한 줄기 강변길
아련한 추억 안고 나는
하염없이 헤매어 간다

*비안골, 승사교, 금수정-남원시 노암동 소재.

가을 戀歌

푸른 달빛이
강물처럼 넘치는 뜰 가에

귀뚜라미는
비단실 같은 가냘픈 소리로
밤새워 가을을 엮습니다
귀뚤 귀뚤 귀뚤

흩어진 낙엽에
하얗게 무서리 나리고

裸木의 가지 끝에
외롭게 남은 몇 잎 잎새

계절의 거센 입김에
허공을 휘저으며 떨어집니다

무성했던
지나간 한 여름날을 되새기며
흐르는 물결에 실려
한 잎 두 잎 아득히 멀어져간
가을의 그림자

귀뚜라미

휘영청 달 밝은 늦가을 밤
계절의 가장자리에서 귀뚜라미는
제 서러움에 겨워 울고 또 운다

울 너머 멀리 벼이삭이 누렇게 펼쳐진
들판 저쪽으로 세월은
높새바람 속에 파도를 이루며 흘러갔다

삶의 고뇌와 체념과 슬픔으로
덧없이 흩날려 버린
지나온 날들

이제 무서리 실은 찬바람에
우수수 나뭇잎이 지고
모두 떠나 버린 후원에서

유한과 무한을 생각하며
그 마음이 서글퍼
이 한밤을 지새운다

풀꽃의 행복

희망을 향한 마음은
언제나 즐겁고
앞날의 행복을 약속한다

넓은 들판가에 핀 작은 풀꽃
하늘이 주신 기회의 땅
이 언덕에서의 한세상
이름을 몰라줘도 좋다

바람에 흔들릴 때마다
씨가 영글어 가는
행복을 느낀다

이제 영근 씨앗이 바람 따라
새로운 곳으로 날아가

새 세상을 피울 수 있는
희망으로 산다

회생의 계절

인적 없는 산기슭 개울가
살얼음 뚫고 피어난
갯버들 가지의 새순에 맺힌 이슬의
맑은 햇살이 눈부시다

새날의 역사를 잉태한
연녹색 생명이
日月로 영글어 가는 망각의 지대

떠오르는 새싹의 부푼 희망이
약동하는 햇빛 아래
온 누리에 충만하다

먼 들 끝을 흐르는 追憶의 강줄기
어슴푸레 피어나는 옛날에 가버린 봄날의
그리운 사연들이 물결에 일렁인다

山村暮景

황혼이 밀려오는 산다랑이 밭이랑
씨 뿌리는 일 서둘러 마무리 짓고

남정네는 호미 괭이 연장 챙겨 경운기에 싣고
아내와 같이 요란스런 발동기 소리와 함께
산 고개 너머 저녁 안개 자욱한 마을로 돌아간다

저만치 보인 마을 집 창문에
전등 빛이 아련히 어려 있고

검둥이 삽살개가
컹컹 짖어 대며
반기며 뛰어나온다

마을은 점차 땅거미에 잠겨 가고
동구 밖 길로 서서히 어둠이 내려 앉는다

삶의 페이소스 혹은 그리움

김평엽(문학평론가)

오스카와일드Oscar Wilde가 말했던가. '한 조각의 애처로움도 가지고 있지 않은 책이나 시는 쓰이지 않는 쪽이 훨씬 더 낫다'고. 오늘 날 출판계에 넘쳐나는 수많은 시집들을 보면 서정의 본질에서 벗어나 외도를 일삼는 시들이 범람해 있다. 물론 기존의 낡은 문체를 버리고 새로운 논리와 문법으로 서정을 담으려는 긍정적 시도도 있지만, 상당수의 시들은 독자와 유리된 채 또한 서정의 본질에서 벗어난 채 실험에만 매몰해 있는 것도 사실이다.

이처럼 시의 본질이 감정의 순화에 기여해야 함은 고대 그리스의 사포sappho 때나 지금이나 변하지 않는 가치이다. 특히 오늘날 자본의 바람이 무서운 속도로 인간의 순수성을 침식하는 현장에서 순수 서정은 더욱이 귀한 것이 되어 버렸다. 그리하여 공허한 눈길로 사람들을 만나고 그 주고받는 이야기도 먹고 마시는 이야기가 주를 이루게 되었으니, 정신보다 육체의 것이 삶의 본질인 양 전도되어버렸다.

생각하면 얼마나 애잔한 것이 삶인가, 그리고 얼마나 고독하고 처절하고 아름다운 것이 삶이던가. 시는 이러한 감정의 정점에서 탄생해야 하는 것이며 격렬한 감정을 맑게 갈앉힌 정화수 같은 것이어야 한다. 궁극에는 아무것도 담지 않은 것처럼 스스로를 비워내야 한다.

시라는 것 자체가 우리의 삶이다. 더러는 시시콜콜한 우리의 애환이며 우리의 호흡이다. 또는 하염없이 기다려야 하는 무료한 매순간이며 꺼져가는 불빛이기도 하다. 방구들을 덥히는 아궁이의 잔불이며 끙끙 앓는 모든 것들의 숨결이다.

흔히 수필을 인생을 담아내는 그릇이라 하여 불혹을 지나고 지천명을 지난 사람들이 관조적 서정을 드러낸다고 하는 데, 시 역시 그 본질의 중심은 관조적 세계에 있다. 따라서 오규원이 말한 것처럼, '노점의 빈 의자를 그냥 시라고 하면 안 되나'라고 말할 수도 있고 류시화 식으로 '한 줄도 너무 길다'고 말할 수도 있다. 여하튼 시는 길이나 기교가 아니라 온몸을 침묵하게 하고 전율케 만드는 서정에 있다.

김정현 시인의 시를 읽다 보면 나는 어느새 고향 오솔길로 들어서고 있기도 한다. 발목을 시리게 하는 흙길을 밟으며 걸어가면 고향의 들녘엔 온갖 꽃이 현란하게 타오르고 밤에는 소쩍새도 울어 꽃들이 눈물짓고, 처녀애들은 연애편지를 읽으며 상기한 볼로 잠 못 이룬다. 시냇물은 별빛을 안고 졸졸 흘러 밤에는 또 그렇게 반딧불 띄우며 부엉이도 운다. 그의 시는 고향 언덕길에 피어난 꽃망울이다. 새벽녘 홀로 떠있는 별이다. 어쩌면 천년을 우두커니 기다려온 마애불이다. 어쩌면 총체적으로 그의 시는 그리움의 빛깔로 타오르는 노을이다.

그게 시 아니던가. 시의 행간을 지날 때 문득

밟히는 쑥골 마을의 단상. 찔레꽃과 분꽃이 흐드러진 사이에서 만나는 애틋한 첫사랑. 이것이 한 편의 시 아니던가. 그의 시에는 이러한 그리움과 추억으로 직조되어 있다. 시인은 언어들을 빚어 들꽃을 만들 줄 아는 사람이며 언어를 퉁겨 소리를 낼 줄 아는 장인이다. 연륜이 그것을 말해 준다. 언어를 마음대로 통제할 줄 알고 고를 줄 아는 시인. 언어로 사물을 만들어내고 그 사물에 숨결을 불어넣는 다는 게 어디 쉬운 일인가. 어느 날 시가 나를 찾아왔다고 말한 네루다처럼 그의 시에는 경이감과 황홀한 영감이 묻어난다. 행복과 삶의 긍정적인 힘을 그리움 속에서 느낄 수 있다.

이렇듯 김정현의 시에는 서정의 힘, 애잔함의 무게가 있다. 처마 끝에서 떨어지는 낙숫물의 애잔한 무게가 바위를 뚫듯이 그는 서두르지 않고 인생을 돌아본다. 그리하여 지나간 세월들을 그리움의 무게로 중심을 잡고 있다. 더욱이 그는 감정을 절제하며 신중하게 언어를 조율한다. 그가 선택한 언어의 음계는 맨발로

밭을 일구는 우리들의 가슴을 적시고 추억까지 적셔 삶이 무엇인지 깊이 느끼게 한다.

두보는人生七十古來稀라 했다지만 시인은 이미 종심從心을 지나 새로운 깨달음과 영감의 세계에 안착해 있다. 연륜이 쌓이면 능란함의 경지에 이르는 법인가. 그의 시는 적요한, 언어 이전의 세계에 위치해 있으며 담채화를 그리듯 촉촉한 먹물로 지나간 것들을 그려낸다. 그리하여 김춘수 시인도 시의 본질이 안타까움의 정감을 일깨워주는 데 있다고 했던 것이고, 이 능력이 시인의 최초의 능력이라고 한다. 굳이 서정주의 지적이 아니더라도 김정현 시인은 감각적으로 서정의 색소를 만들 줄 알고 우리를 감동케 할 줄도 안다.

이것은 플라톤이 말한 '그 자신의 감각을 잃어버리고 정신도 그 내부에서 잃어버려 무아적인 상태가 될 때 영감을 받아 비로소 시작을 할 수 있는' 것과도 다름 아니다.

그렇다면 과연 김정현 시인은 인생을 어떠한 함축과 메타포로 그려내고 있는가. 그의 시들을 보면 은유에 기대는 것보다는 좀 직설에 의지한다. 더러 은유가 몽환적인 다양함을 환기한다할 때 그가 사용하는 지시적 의미들은 독자에게 보다 명확한 느낌표를 던져준다. 그러니까 우리가 인생을 비유적으로 말할 수도 있지만 오랫동안 인생과 고군분투한 사람에게 있어서는 인생이 비유로 설명할 수 없는 것이다. 왜냐하면 인생이란 돌려 말할 수 있는 성질의 것이 못되는 '목숨'의 즉자태이기 때문이다.

가도 가도 끝이 없는 가야만 할
天涯境 넘어가는 길

소리쳐 불러 봐도 메아리 없는
한 번 가면 되돌아올 수 없는 한 많은 길

미련도 아쉬움도 두고 간
그대와 한 세상 살아왔던 길

그래도 한때는 즐거웠던
정 주고 마음 주고 다정했던 길

인연 따라 세월 속에 머물다 가는

만남과 헤어짐의 덧없는 길

—<인생길> 전문

불가에서는 생·노·병·사生老病死와 애별리고愛別離苦를 인간의 근원적 아픔으로 제시한다. 비관론적으로 말한다면 태어나면서 죽음에로 이행한다고 할 수 있다. 세상에 태어난 모든 생명들은 세상에 발을 딛는 순간부터 늙고 병드는 과정을 겪어야 하며 만나는 사람과 사랑하고 헤어지며 마지막에는 자신의 개별적 죽음까지 맞이해야 한다. 여기에 인간 근원의 고독이 있으며 아픔이 있는 것이다. 이것이 인생 항로이다. 생각하면 무상 그 자체이다.

우주적인 시간으로 비추어 본다면 인간이 지상에 머물다가는 시간은 말 그대로 촌음에 불과하다. 풀잎에 묻은 이슬이 아침 햇살에 잠시 반짝이다 사라지는 것처럼, 우리의 인생은 찰나에 불과하다. 그리하여 '한때는 즐거웠던 정주고 마음 주고 다정했던 길'이 '만남과 헤어짐의 덧없는 길'이 되는 것이며 '한 번 가면 되돌아올 수 없는 한 많은 길'이 되는 것이다. 여기에서 시인의 애잔함과 한이 옹이처럼 굳어지며 독자에게 잔잔한 공감의 동심원을 만들어준다.

그는 지난날의 많은 사연과 추억들을 회상하며 안타까워한다. 이것이 인간의 인지상정으로서 누구나가 겪는 길이며 어쩌면 우리 모두 동행을 하고 있는 셈이다. 시인은 그리움의 객체들을 떠올리며 하나하나 호명해 보기도 한다. 그리하여 '그리움을 두고 떠난/ 되돌릴 수 없는 날들, 사람들/ 어데로 다 흘러갔을까–' <이 거리를 스쳐간 세월아>, '스쳐간 바람결이/ 옛 향기를 풍기며 지난날을 생각게 하네<옛터>' 그의 시를 관통하는 주제는 이렇듯, '그리움' 이다. 모든 시가 이 그리움의 빛깔로 채색되어 있다. 과거 대부분의 시인들이 그랬듯이 김정현 시인도 회상적인 어조로 그리움을 토로하며 노을이 타오르는 인생을 찬연히 노래를 한다.

추억이란 그저 기억의 파편에 불과한 게 아니다. 추억은 모두 소중한 것이다. 그것이 어린 시절 동무들과 숨바꼭질한 것이든 비석치기를 한 것이든 또는 첫사랑으로 잠 못 이루던 것이든 지나고 나면 모두 아름답고도 설레는 것들이다. 한 잔의 커피에도 문득 옛날의 추억이 되살아나는 수도 있고, 비스킷 하나를 깨물다가도 홀연 과거의 추억과 만나는 수가 있는 것이다. 이렇듯 과거와 현재에서 만들어지는 이러한 추억으로 우리는 풍성해지는 것이며 냉혹한 현실의 강을 건널 수도 있는 것이다. 추억이 없는 사람은 그리움도 없다. 추억을 회상하는 것은 과거에 집착하는 것과는 다르다. 추억은 과거지향이라기보다 어쩌면 미래지향적이다. 추억에 대한 그리움이야말로 사람이 소유한 마지막 정신적 피난처가 아닐까.

지난 날 번잡한 곳 피해
찾았던 조용한 오솔길

그 때 그 세월 그리워
찾아와보니

이름모를 야생화만
한적함 속에 피어 있네

멀리 하늘가를 흘러가는
구름을 바라보니

옛 생각에
마음만 허전한데

길가 덤불 속에서 귀뚜라미는
가버린 날을 그리듯

귀뚤 귀뚤 귀뚤
외로운 세월을 울고 있네
스쳐간 바람은
길 섬 숲을 흔들며
세월 따라 뒤돌아보지 않고 흘러가네
—<오솔길로 흘러간 세월> 전문

평범하게 읽히는 위 작품 또한 전통적인 소재와 애상적인 어조로 세월에 대한 그리움을 노래하고 있다. 오솔길이란 외로움이다. 개별자로서의 시인이 가야 하는 고독한 길이자 인생을 깨닫는 길이기도 하다. 젊었을 때에는 그 길이 욕망의 대상이었지만 다시 찾은 그 길은 세속의 빛깔이 여과되고 탈색된 함초롬한 길이다.

그리하여 이전에는 눈에 보이지 않던 야생화도 보이고 귀뚜라미의 울음소리도 들린다. 모든 부질없는 것들로부터 자유로워지자 자연의 일부가 된 시인은 바람처럼 세상과 소통을 한다.

우리가 삶을 살아가는 과정이 어쩌면 고독과의 애증관계인지 모른다. 우리는 매일 사람들을 만나 즐거워하고 또는 슬퍼하거나 미워하며 살아간다. 그렇다고 이러한 시시콜콜한 생활이 우리를 만족시켜주지는 않는다. 사랑하는 사람과 함께 있어도 문득문득 내면 깊은 곳에서 솟구치는 두려움과 공허에 사로잡힌다. 그리하여 어떤 이는 '사랑이 깊을수록 외로움도 깊다' 고 노래했다.

또한 '인간은 끊임없이 자기로부터 도피하고 있다' 고 파스칼은 말한다. 그처럼 우리는 시시각각 물질의 풍요로움 속에 군중의 고독을 느낀다. 어쩌면 고독은 인간의 숙명이다. 그리고 우리의 동반자이다. 이쯤이면, 고독은 인간적인 존재가 되기 위한 전제 조건이 아닐까.

그래서 프랑스의 철학자 레비나스는 '고독이란 타인과의 관계의 결핍에서 오는 것이 아니라 인간의 홀로서기와 관계있다'고 말한다. 시인은 이처럼 고독과 그리움을 통해 자신의 존재를 다시 한 번 탐구하며 견고한 자아로 거듭나려고 한다.

아무도 찾아온 이 없는
잊혀진 채 돌본 이 없는
잡풀 속에 묻혀있는 무덤

지워져가는 날들을 아쉬워하며
숲속 정적을 누르고
가는 세월의 한편에 비켜서서
외롭게 고개를 숙인 채 피어 있는
할미꽃

―<할미꽃> 일부

그래서 시인의 시에는 고독함이 물씬 묻어나면서도 존재의 무게가 심오하게 자리 잡고 있다. 더러 고독이나 죽음이 존재의 비극적 파멸이 아닌 것처럼, 무덤이나 할미꽃 또한 새로운 의미로서 기능을 한다. 그것은 객관적 상관물로서 화자를 드러냄과 동시에 화자의 겸허한 태도를 반영한다.

그리하여 비록 '잊혀진 채 돌본 이 없는/ 잡풀 속에 묻혀있는 무덤'일지라도 독자에게는 더 이상의 허무주의로서 읽히지는 않는다. 그것은 단순한 죽음이 아니라 새로운 상징으로 읽히며 세월을 인내하는 과정에서 또 다른 탄생을 기다리게 하는 '알[卵]'로서 읽힌다. 비록 아무도 찾아주지 않는 무덤가의 할미꽃일지언정, 어차피 인생의 본질이 고독과 그리움이라면 할미꽃은 그 고독을 받아들이고 향유한다. 지극히 겸손한 자세, 고개를 숙이고 묵상하는 것처럼 세상 모든 욕망을 비우고 푸르른 하늘 아래 다소곳 세월을 이겨내는 할미꽃이야말로 견인주의자 또는 각자覺者가 아니겠는가?

가는 세월에 길을 내주고 호젓이 삶을 음미하는 할미꽃. 할미꽃은 더 이상 추레하게 늙은

꽃이 아니라 겸허와 달관으로 죽음마저 극복한 고결함 그 자체이다. 시인은 이렇듯 할미꽃을 통해 죽음을 아름다운 자연적 한 질서의 과정으로 그려낸다.

더러 그가 시적 대상에 갖는 연민 또는 애긍은 관조의 세계로까지 이행한다. <석불상>이라든가 <돌부처>를 보면 영겁의 침묵으로 고해苦海를 지나고자 함을 알 수 있다. 비바람에 풍화되면서도 천년 동안 말없이 버티는 돌부처들. 인간 오욕칠정과 세상살이의 덧없음에서 우리가 위안을 얻을 수 있는 진정한 방편이 돌부처의 삼매와 화엄인지 모른다.

산길을 돌아 시내를 건너
남원 산내 실상사 가는 길목

궂은 날 맑은 날 없이
가는 세월 속에 외롭게 서서

지나온 길 가야할 길을
아득히 바라보며

산 너머 하늘 멀리
날아가는 기러기 떼 따라 오늘도 보내고

옛 그리움에 젖은 이 마음 달래듯
침묵을 지키며 세월을 잊은 석불상

—<석불상> 전문

실상사는 신라 흥덕왕 3년에 증각대사 홍척이 창건했다. 그곳은 지리산 깊은 계곡의 해탈문과 만수천을 지나야 만난다. 이 사찰의 동쪽엔 천왕봉, 남쪽에는 반야봉, 서쪽에는 심원 달궁, 북쪽엔 덕유산맥의 수청산이 있다. 실상사는 이들을 병풍처럼 거느리고 천년 세월을 지낸다.

시인은 이 천년 고찰의 석불을 객관화시켜 그리움을 채색하고 있다. 이러한 시각에서 본다면 석불은 바로 시인 자신에 다름 아니다. 시인은 바로 이 석불처럼 모든 세월의 풍파와 희로애락을 견뎌내고자 한다. 유치환 시인이 말한 것처럼 어떠한 애련에도 물들지 않는 바위, 즉 석불이 되어 세속적인 번뇌들을 초극하고자 한다.

육신을 빌어 태어난 모든 생명들은 필연적으로 생로병사를 겪어야 하는 바, 시인은 이러한 고뇌로부터 벗어나고 모든 구속으로부터 초탈하고자 한다. 이제 욕망이나 소유는 더 이상 화자의 미련이 아니다. 떠나고자 하는 것들은 기러기처럼 그저 떠나게 하고 정갈하게 가라앉은 추억만을 법어처럼 가슴에 새겨 간직하고자 한다. 그게 시인의 유일한 바람이다. 나아가 비바람에도 흔들리지 않는 석불처럼 천년을 침묵으로 일관하고자 한다. 어차피 인생이란 한 푼어치도 못되는 것임을 깨달았기에 가능한 것 아닌가. 궁극에는 사랑도 눈물도 없는 공空의 세계, 피안의 열반에까지 이르고자 하는 그의 정신적 지향은 다음의 시에도 유사한 어조로 펼쳐진다.

눈 비 내리고
꽃도 잎도 피고 지고
춘하추동春夏秋冬 수없이 돌고 돌아

이제는 아득히 잊혀져 가버린 그 세월
인생들의 소원을 속에 쌓아 놓은 채
말없이 흘러온 千古의 세월

되돌릴 길 없는 그 세월 찾아서
마음은 옛날로 달리는 데

사바娑婆의 어구에
오늘도 의연히 피안彼岸을 바라보며
열반涅槃의 세계를 향해
자비로운 모습으로 그렇게 침묵을 지키며
돌부처는 그 자리를 지키고 있다

—<돌부처> 전문

그러나 시인이 추구하는 세계가 정말 초월적인 세계, 서방정토를 지향하는가 생각해보면 꼭 그렇지는 않다. 시인은 인간으로서의 감정을 존중하며 수용하려 한다. 인간적인 모든 부대낌을 밀어내지 아니하고 있는 그대로 받아들인다. 그게 진정한 휴머니티이자 순리의 세계이다. 나아가 한 송이 연꽃처럼 발은 세속을 디디고 있지만 정신은 오히려 세속을 정화시켜

순결한 모습으로 새롭게 빚고자 한다.

그의 또 다른 시 〈오수午睡)〉를 보면 '산문山門 어귀에/ 세상일 다 잊고/ 앉아 조는 노승老僧/ 지나온 세월 더듬어간/ 꿈길 속/ 여름날이 길다'처럼 그의 시선과 목소리는 이미 관조의 태도를 지닌다. 즉, 삶의 집착이나 죽음의 간섭에서 벗어나 편안히 낮잠을 즐기기까지 하는 것이다. 세상의 어떠한 변화나 격랑에서도 초연히 세상을 응시하거나 거리를 두고, 자유자재의 사유를 즐기는 태도는 몸은 세속에 있지만 마음은 이미 피안에 있음을 암시한다.

인생이란 여름날의 오후처럼 지루하고도 후텁지근한 시간 아닌가. 땀 흘리며 긴 세월 헐떡거리며 살아봤자 깨어나면 일장춘몽이요 노생지몽인 것을! 지상에서의 천년도 무량수불 앞에서는 고작 하루에 불과한 것. 어디가 우리의 종점인지 여전히 우리는 알지 못 한 채 바람 속에 침묵할 뿐이다. 그리하여 역시 우리에게 남는 것은 지나온 삶에 대한 '그리움'일 뿐이다. 누군가 말 했던가, '어디서 무엇이 되어 다시

만나라!'

독일의 신부 안셀름 그륀도 그리움이나 고독을 인간적 성숙을 위한 조건이자 영적 성장의 토대이며 동시에 좋은 인간관계를 위한 조건이라고 말했다. 존재의 외로움 속에서 우리의 내면이 평화롭고 자유로운 공간이 될 때 외로움은 더 이상 고독이 아니고 생명의 에너지를 발산하는 의지가 된다. 이것이 영혼의 개화요, 유열의 향기로 피어나는 삶의 결정인 것이다.

이처럼 김정현 시인은 그리움으로 일관하는 한편, '고향'을 지향한다. 흔히 '고향' 하면 떠오르는 노래, 바로 홍난파가 불렀던 '나의 살던 고향은 꽃피는 산골, 복숭아꽃 살구꽃 아기진달래'와 다름 아니다.

짧게 말하면 고향이란 자기가 태어나 자란 곳인데, 首丘初心이란 말에서 알 수 있듯이, 죽어서도 머리를 두고 싶은 곳을 말한다. 고향은 삼대가 넘게 조상대대로 살아온 곳이다. 따라서 '땅, 핏줄, 제사, 집'과 같은 의미를 거느린다. 먼 과거 농경사회로부터 이러한 개념이 형

성되었듯, 집안 제사를 모실 아들을 낳고 오로지 아들을 위해서 키우던 소까지 팔아 도시로 유학을 보내던 아버지의 마음이 오롯이 살아있는 공간이다. 거기에는 집안 고유의 풍습이 있어 사계절 인정이 풍부하게 넘친다. 봄이면 씨앗을 뿌리고 여름 내내 김을 매며 늘 치성을 드리듯 땅에 헌신하는 곳이다. 어머니는 새벽같이 일어나 맑은 우물물을 길어 치성 드리고, 새벽 일찍 아궁이에 불을 때서 밥을 지었다. 제사는 왜 그리 많던지! 더러 일이 힘에 부칠 때에는 떠나고 싶기도 한 고향. 그러나 정작 가난하고 그리운 이들 때문에 발이 묶여 늘 살을 맞대고 살아야 했던 고향. 그게 우리 핏속에 회귀본능처럼 남아 늘 나침반처럼 머리 두게 하는 고향이다.

이러한 심정은 타향에서 사는 사람의 경우 더욱 뼈저리다. 즉 언젠가는 돌아가야 하는 곳, 끝내 돌아가 죽어 묻히고 싶은 곳. 그래서 고향 이야기만 나오면 우리는 눈시울을 적시게 된다.

그것은 멀리 떠나와 있을수록, 세월이 길수록 더 깊은 응어리를 만든다. 적어도 고향은, 우리에게 감상적 詩를 쓰게 만든다. 영원한 안식처인 고향이 늘 우리를 부름에도 불구하고 사람들은 일상의 족쇄에 묶여 타지에서 생을 마치는 경우도 많다. 북녘에 고향을 둔 사람이라면 더욱 더 고향에 닻 한 번 내려 보지 못한 채 생을 마치기도 하지 않던가.

우리를 어린 시절로 회귀하게 하는 고향. 우리에게 영원한 위안과 안식을 주는 고향. 김정현 시인의 그리움에는 바로 이러한 의미의 아픔이 선명한 구도로 조직되어 있다.

시인의 고향은, '섬진강 상류에 위치한 내 고향 춘향골/ 나지막한 산들이 사방으로 펼쳐 있고// 뒤로 智異山脈의 연봉들이/ 하늘에 맞닿을 듯 병풍처럼 둘러서서/ 아늑한 분지를 이룬 내가 나서 자란 곳// 저 멀리는 天王峰, 般若峰, 老姑壇과/ 가까이는 萬福臺, 英帝蜂등/ 1000米가 넘는 봉우리가 우뚝 우뚝 솟아// 철따라 펼쳐지는 그 경치는 언제 보아도/ 한 폭의 그림처럼 아름답기만 하다.// 아침이면 앞산 德陰峰 너머/ 햇살이 눈부시게 뿌려지고// 해맑은 저녁때면 만복대에서/ 불어 내리는 싱그러운 동남풍이/ 푸른 솔향기로 온누리를 적시고 // 옛부터 西山落照라 해서/ 남원 팔경의 하나로 손꼽힌/ 서산에 저녁노을이 붉게 타오르는 그 경치는/ 꿈에도 잊지 못할 그리움으로 남는다.// 봄이면 물 맑은 蓼川 외나무다리 건너/ 양림 마을에 복숭아 살구꽃이 피어 있고// 유채꽃이 피어있는 언덕배기 밭엔/ 벌 나비 어지러이 날고// 먼 산골짝에서 뻐꾸기 울음 메아리쳐/ 꿈결에 잠기듯 봄이 무르익어 가면// 용담사 가는 길로 아카시아 꽃향기/ 온 누리를 채우고// 자운영꽃핀 들길을 꽃목걸이 목에 걸고/ 어깨동무하고 노래 부르며 돌아오던/ 내 유년의 그 벗들이 그립다.// 여름날 시내 남쪽으로 흐르는 요천으로 몰려가/ 미역 감고 은어, 피라미, 붕어, 미꾸라지를 잡으며// 강변 백사장을 쫓고 쫓기며/ 벗들과 놀던 그 시절도// 겨울날 사금파리 가루를 만들어 아교와 같이/ 연실에 입혀서 방천을 달리며 연싸움하던/ 그때가 못 견디게 그리워진다.// 늦가을 벼이삭이 누렇게 익어 물결치는 동문 밖 고요한 들길을/ 외로이 거닐며 사색에 잠겨/외로움에 몸부림치던 꿈 많던 내 젊은 날// 풋풋하고 진한 그리움을 지닌 정든 옛터들이/ 그때의 모습 찾을 길 없이 도시로 변해/ 이제는 마음속 그 시절로 나를 이끌어 간다.(나의 故鄕 전문)'

이렇듯 시인은 '나의 고향'이란 시에서 자신의 고향에 대한 모든 추억을 한 편의 영상으로 펼친다. 서사와 서정이 절묘하게 어우러진 시인의 고향, 앞서 말한 어느 누구의 고향이라도 같은 이미지로 오버랩 될 것 같은, 정겹기만 한 고향의 정취를 향토적 소재와 추억을 나열하여 보여주고 있다. 그가 뛰놀던 마을은 다름 아닌 '추억의 쑥골 마을'임을 아래의 시에서 정겹게 확인할 수 있다.

동남으로 푸르게 펼쳐진 지리 산맥 아래
그리운 내 고향 춘향골

그리운 친구들과 놀았던 그 자리
옛 꿈을 펼쳐본다

소나무 숲 우거진
옛날 다녔던 정든 그 오솔 길

푸른 하늘 흰 구름 떠 흐른
맑은 도랑물 졸 졸 졸

내 마음 속 옛날로
끊임없이 흘러간다.

저녁노을 붉게 물든 하늘
산길을 따라가면

그 옛날 동구 밖 빈터에서
고추잠자리 잡으며 놀았던

나의 유년의 친구 막둥이가 사는
쑥골 마을

집 뒷터 감나무고목 높은 가지에
지절대는 까치가 나를 반긴다.
—<추억의 쑥골 마을> 전문

시인은 쑥골 마을에서 나고 자라면서 자연의 품을 기억한다. 그곳에는 정든 오솔길이 있고 소나무가 자리를 지키고 있으며 친구가 있던 곳이다. 맑은 도랑물은 사시사철 꿈을 실어 나르고 시인의 마음도 그 도랑물에 흘러간다. 노을이 붉게 타오르는 세월의 들녘, 시인은 시간을 거슬러 흐르는 도랑물 따라 어느새 소년이 되어 친구들을 만난다. 환상적 기법으로 과거를 현재로 치환한 시인은 고추잠자리를 잡으며 놀던 막둥이를 만나 행복한 시간을 공유한다. 감나무 고목 높은 곳에서는 까치도 반갑게 우짖으며 시인을 반긴다. 도연명의 도화원기를 떠올리게 하는 정경. 세월도 시간도 모두 정지된 고향 낙원에서 시인은 잠시 세속의 근심을 지우고 동심을 회복한다. 그 순간 까치가 먼저 그를 알아차리고 그의 이름을 호명한다. 고향이 그리운 것은 바로 사랑하는 부모가 있고 정다운 친구가 있기에 가능한 것 아닌가. 그의 시에는 이러한 정다운 이름들이 하나씩 점등된다.

찔레 꽃 핀 언덕에서
나물 캔 옥이와
찔레순 꺾어 먹으며
뛰놀던 나의 유년시절

언덕아래를 흐르는 도랑에서
잡아준 붕어, 미꾸라지
고무신짝에 담아 들고
나를 따라 다니던 옥이

흐르는 도랑 물결 따라 세월은 흘러
먼 옛날이 되었는데
옥이는 지금 어데서 어떻게 살고 있을까

―<고향 언덕> 전문

하얗게 피어나는 찔레꽃. 찔레꽃은 척박한 모래 언덕에서도 피고 바람이 지나는 구릉에서도 피어난다. 그저 누가 돌보지 않아도 무성하게 몸을 부풀리며 줄기를 올리고 올망졸망한 꽃들을 푸른 하늘 아래 터뜨린다. 이 얼마나 소박한 꽃인가. 우리들의 순박한 추억도 사실 찔레꽃과 다르지 않다. 버짐 핀 얼굴로 온 종일 뛰어다녀도 좋았던 시절, 숨바꼭질과 소꿉놀이에 시간가는 줄 몰랐던 시절. 한 폭의 수채화처럼 영원히 소중하고 아름다운 풍경 속에 시인과 옥이는 살았다.

찔레꽃의 향연 속에 태양의 축복을 받으며 두 아이는 도랑으로 내려가고 시인은 바짓가랑이를 적시며 첨벙첨벙 물고기를 잡는다. 그 어린 손으로 물고기를 움켜쥐는 즐거움은 옥이를 위한 것이다. 감탕빛으로 돌 틈에 숨어 있는 붕어와 미꾸라지를 가까스로 잡아 옥이에게 건네면 옥이는 함박웃음을 웃으며 고무신에 물고기를 담고 무한히 행복해 한다.

마냥 나를 졸졸 따라다니며 즐거워하던 순진무구한 꼬맹이! 그 아이는 지금 어디서 무엇을 하는 것일까. 그 옛날로 돌아간다면 보조개도 수줍은 옥이와 다시금 개울 물살을 헤치며 천진난만한 시간들을 보낼 텐데, 이제 그 아이는 어디에도 없다. 살았는지 죽었는지도 모른다. 그 옥이의 부재가 새삼 시인에게는 애틋한 그리움이자 아련한 슬픔으로 돋아난다. 고향이 있기에 찔레꽃 새순처럼 피어나는 상념들. 시인은 조용히 추억에 흔들린다.

이어 시인이 그리워하는 마지막 대상은 어머니이다. 세상에 '엄마!' 또는 '어머니!'라는 발화보다 아름다운 소리는 없다. '나실 제 괴로움 다 잊으시고/ 기르실 제 밤낮으로 애쓰는 마음'을 어버이날이면 우리는 얼마나 목청껏 불렀던가. 실로 우리들의 어머니는 신사임당과 같은 고매한 분은 아니다 하더라도 저마다에게는 그 이상의 감격으로 다가오는 호칭이다.

세상 삼라만상 가운데 유독 영장류들은 모성에 대한 애착이 강하다. 특히 이 땅에 사는 우리의 어머니는 서구의 어머니들과는 달리 헌신적이며 희생적이다. 특히 자식을 위해서라면 스스로를 희생할 만큼 숭고한 게 우리의 어머니이다. 그리하여 평생을 자식 옥바라지에 헌신하는 어머니도 있으며, 자식을 구하기 위해 트럭에 뛰어드는 어머니도 있다. 눈에 넣어도 아프지 않다는 표현처럼 우리의 어머니는 오직

자식만 바라며 살았다.

모성애를 인간 이전의 감정이라고 한다면, 동물적 본능이라고 해도 좋다. 사실 펠리컨이라는 새도 제 새끼가 병들어 먹이를 먹지 못하면 어미는 부리로 자신의 가슴팍을 쪼아 피를 내어 새끼에 먹인다고 한다. 또 염낭거미는 풀잎을 말아 만든 보금자리에 알을 낳고, 그 알에서 새끼가 나오면 새끼에게 자신을 맡기고 뜯어 먹힌다고 한다. 물론 종족번식을 위한 본능적 행위이겠지만 그 모습은 거룩한 성자의 모습처럼 자못 숙연하다.

석가모니는 해산解産에 관하여 아난에게 다음과 같이 말했다고 한다. "어머니는 한 번 아기를 낳을 때마다 무려 서 말이나 되는 피를 흘리며, 아기는 어머니의 흰 젖을 자그마치 여덟 섬이나 빨고 자란다, 그래서 어머니의 뼈는 검고 가볍다." 이 구절이 시사하는 것처럼 무덤에 묻힌 남자의 뼈는 하얗지만, 여자의 뼈는 검고 가볍다고 한다.

가지 많은 나무에 바람 잘 날 없다는 속담처

럼 자식 뒷바라지를 위해 고운 손이 갈퀴가 되는 것조차 마다하지 않는 우리 어머니! 김정현 시인은 모든 그리움을 '어머니'로 집약한다.

특히, <어머니의 마음>이라는 시는, 시인의 어머니가 어떠한 삶을 살았는지 그 일생을 서사적으로 보여준다. '사업에 실패하고/ 가산이라곤 남김없이 다 없애고/ 돌아가신 아버지// 집도 절도 없는 살림살이/ 남의 단칸 셋방에서// 가녀린 여자의 몸으로/ 세 남매 먹이고 입히고 가르치기에/ 힘겨웠던 지루한 그 세월// 긴 여름날 더위도 무릅쓰고 허리띠 조이며/ 배내기로 얻어온 목화솜을 밤을 낮 삼아/ 물레로 한 많은 시름을 실로 뽑으며/ 외로움 달래고// 동지섣달 긴긴 밤에 고된 몸 돌볼 틈도 없이/ 호롱불 심지 돋우며 베틀에 앉아 보내신 그 세월/ "東門안 세목"이라고 이름난/ 무명베 짜내는 소문난 어머니 솜씨// 이 아들 장가 갈 때 손수 짠 무명베로/ 두루마기 만들어 입히고 좋아 하셨던 어머니 마음'

분홍 꽃잎이
저녁 어스름을 제치고 피어 납니다

세상 번뇌 고통 훌훌 털고
자애로운 모습으로
석양빛 깃든 꽃잎 속에
어머니의 얼굴이 떠오릅니다

시계도 없이 가난하게
남의 세가에서 살았던 나의 유소년시절

분꽃이 피면
저녁 끼니 챙기는 것을 서두르셨던
잊혀지지 않는 그 세월

생전에 그렇게 좋아 하셨던 분꽃은
제철을 잊지 않고
먼 하늘길을 돌아 찾아 와서
여기 정원에 다시 피었습니다
어머니!

—<분꽃粉花> 전문

'바릿밥 남 주시고 잡숫느니 찬 것이며/ 두둑히 다 입히고 겨울이라 엷은 옷을/ 솜치마 좋다

시더니 보공 되고 말어라' 라고 애절하게 어머니를 그리워했던 정인보 선생과 김정현 시인의 상황은 매우 닮았다. 시인은 석양녘에 피어나는 분꽃을 통해 어머니의 모습과 마주하며 회상에 빠진다. 참 가난했던 시절. 시계도 없이 시간 가는 줄 모르고 살았던 어머니. 분꽃이 피어나는 여름에도 얼굴에 분 한 번 바르지 못하고 살아온 어머니. 이제 뜨락에 분꽃은 또다시 피고 시인은 가슴만 붉게 타들어간다. 애절하게 꽃은 피고 시인은 그 흐느낌을 가슴으로 듣는다. 시인의 가슴조차 붉게 물들여버린 그 꽃! 분꽃 앞에 흔들리는 건 시인이다. 어이된 인연이기에 그 질긴 끈 놓지 아니하고 먼 하늘 길을 다시 돌아 아들을 찾아왔던가. 어머니는 마지막 사랑조차 형형熒熒한 빛으로 아들에게 보여주고 싶었던 것 아닐까.

한 마디로 김정현 시인은 우리 고유의 정서인 그리움을 토속적인 정취에 전경화시켜 애잔함의 극한 값을 보여주고 있다. 특히 아픔을 내면화시키고 승화시켜 페이소스의 절정을 보여

주는 그의 시는 독자의 가슴을 공명시키기에 충분하다. 끝으로 김정현 시인이 늘 그리던 고향이 늘 꿈에서라도 함께 하기를 빌어본다.

이 거리를 스쳐간 세월아

초판1쇄 · 2012년 5월20일
발행인 및 주간 · 양태철
편집인 · 유화
펴낸곳 · 현대시문학
서울 강남구 역삼동 603-3 타비쉬빌딩 501호
<책 주문 및 제작>
전화: 02-512-0246 /야간: 010-9892-6115
이메일:hihd@paran.com
홈페이지: koreanpoetry.com
등록 · 1999.6.11 제13-619호

ISBN 978-89-90520-74-6 (03810)